ACADÉMIE DES SCIENCES,

LUNDI 26 JUIN 1882, PRÉSIDENCE DE M. JAMIN.

MÉDAILLE D'HONNEUR

OFFERTE

A M. PASTEUR.

Communication de M. le Président de l'Académie des Sciences.
Allocution de M. J.-B. Dumas. — Réponse de M. Pasteur.

PARIS,

GAUTHIER-VILLARS, IMPRIMEUR-LIBRAIRE

DES COMPTES RENDUS DES SÉANCES DE L'ACADÉMIE DES SCIENCES,

SUCCESSEUR DE MALLET-BACHELIER,

Quai des Augustins, 55.

—

1882

MÉDAILLE D'HONNEUR

OFFERTE

A M. PASTEUR.

ACADÉMIE DES SCIENCES.

SÉANCE DU LUNDI 26 JUIN 1882, PRÉSIDENCE DE M. JAMIN.

LOUIS PASTEUR DE L'ACADEMIE DES SCIENCES
A
LOUIS PASTEUR
SES CONFRERES
SES AMIS
SES ADMIRATEURS
1882

ACADÉMIE DES SCIENCES,

SÉANCE DU LUNDI 26 JUIN 1882, PRÉSIDENCE DE M. JAMIN.

MÉDAILLE D'HONNEUR

OFFERTE

A M. PASTEUR.

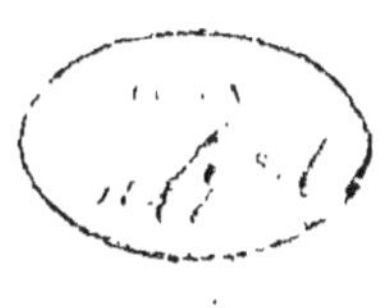

Communication de M. le Président de l'Académie des Sciences. —
Allocution de M. J.-B. Dumas. — Réponse de M. Pasteur.

PARIS,

GAUTHIER-VILLARS, IMPRIMEUR-LIBRAIRE

DES COMPTES RENDUS DES SÉANCES DE L'ACADÉMIE DES SCIENCES.

SUCCESSEUR DE MALLET-BACHELIER.

Quai des Augustins, 55.

1882

MÉDAILLE D'HONNEUR

A M. PASTEUR.

M. le Président rappelle à l'Académie qu'une réunion de savants, d'amis et d'admirateurs, ayant résolu d'offrir à M. Pasteur une médaille commémorative de ses remarquables découvertes, une Commission a été chargée d'en surveiller l'exécution. Les travaux étant terminés, cette Commission s'est rendue, le 25 juin, au domicile de M. Pasteur pour lui remettre la médaille, œuvre de M. Alphée Dubois, qui rappelle si heureusement la physionomie du destinataire. La réunion se composait de MM. Dumas, Boussingault, Bouley, Jamin, Daubrée, Berlin, Tisserand, Davaine, etc. A cette occasion, M. Dumas prononça un discours dans lequel il rappelait les travaux de M. Pasteur, qui n'a connu que des succès, et dont l'École Normale, l'Institut, le monde savant, la France entière, sont justement fiers.

En recevant la médaille qui lui était offerte, M. Pasteur répondit par quelques paroles de reconnaissance pour le Maître illustre qui avait encouragé et dirigé sa jeunesse, et de remercîments pour les Collègues et Confrères qui avaient eu la pensée de lui offrir une aussi haute marque de leur estime en récompense de ses efforts.

A la suite de cette Communication du Président de l'Académie, M. le baron Thenard prend la parole pour prier MM. Dumas et Pasteur de vouloir bien donner communication à l'Académie des discours qu'ils ont prononcés dans cette occasion solennelle. L'Académie se joint par acclamation à cette proposition et décide que les deux discours seront insérés aux *Comptes rendus*.

DISCOURS DE M. DUMAS.

« Mon cher Pasteur,

» Il y a quarante ans, vous entriez comme élève dans cette maison. Dès vos débuts, vos maîtres avaient prévu que vous en seriez l'honneur; mais nul n'eût osé prévoir quels services éclatants vous étiez destiné à rendre à la Science, au pays, au monde.

» Vos premiers travaux faisaient disparaître pour

toujours du domaine de la Chimie les forces occultes, en expliquant les anomalies de l'acide tartrique.

» Confirmant le caractère vital de la fermentation alcoolique, vous étendiez cette doctrine de la Chimie française aux fermentations les plus diverses et vous donniez à la fabrication du vinaigre des règles que l'industrie applique avec reconnaissance aujourd'hui.

» Dans ces infiniment petits de la vie, vous découvriez un troisième règne, celui auquel appartiennent ces êtres qui, avec toutes les prérogatives de la vie animale, n'ont pas besoin d'air pour vivre et trouvent la chaleur qui leur est nécessaire dans les décompositions chimiques qu'ils provoquent autour d'eux.

» L'étude approfondie des ferments vous donnait la complète explication des altérations que subissent les substances organiques : le vin, la bière, les fruits, les matières animales de toutes les espèces ; vous expliquiez le rôle préservatif de la chaleur appliquée à leur conservation et vous appreniez à en régler les effets d'après la température nécessaire pour déterminer la mort des ferments.

» Les ferments morts n'engendrent plus de ferments.

» C'est ainsi que vous étiez conduit à maintenir, dans toute l'étendue des règnes organisés, le principe fondamental qui fait dériver la vie de la vie et qui repousse comme une supposition sans utilité et sans base la doctrine de la génération spontanée.

» C'est ainsi que, montrant l'air comme le véhicule des germes de la plupart des ferments, vous appreniez à conserver sans altération les matières les plus putrescibles en les préservant de tout rapport avec l'air impur.

» Appliquant cette pensée aux altérations si souvent mortelles que les blessures et les plaies éprouvent lorsque les malades habitent les lieux contaminés, vous appreniez à les garantir de ce danger en entourant leurs membres d'air filtré, et vos préceptes, adoptés par la pratique chirurgicale, lui assurent tous les jours des succès qu'elle ignorait et donnent à ses opérations une hardiesse dont nos prédécesseurs n'ont pas eu le pressentiment.

» La vaccination était une bienfaisante pratique. Vous en avez découvert la théorie et élargi les applications. Vous avez appris comment d'un virus on fait un vaccin; comment un poison mortel devient un préservatif innocent. Vos recherches sur la maladie charbonneuse et les conséquences pratiques qui en

— 9 —

découlent ont rendu à l'Agriculture un service dont l'Europe sent tout le prix. Mais ce résultat acquis, tout éclatant qu'il soit, n'est rien à côté des applications qu'on peut attendre de la doctrine à laquelle il est dû. Vous aviez fourni à la doctrine des virus une base certaine en la rattachant à la théorie des ferments ; vous avez ouvert à la Médecine une ère nouvelle en prouvant que tout virus peut avoir son vaccin.

» Au milieu de ces admirables conquêtes de la Science pure, de la Philosophie naturelle et de la pratique, nous pourrions oublier qu'il est une contrée où votre nom est prononcé avec un respect particulier : c'est le pays si fortuné jadis où s'élève le ver à soie. Un mal, qui avait répandu la terreur dans toutes les familles de nos montagnes méridionales, avait fait disparaître les belles races qu'elles avaient créées à force de soins et de sages sélections. La ruine était complète. Aujourd'hui, grâce à vos procédés de grainage scientifique, les éleveurs ont retrouvé leur sécurité, et le pays voit renaître une des sources de sa richesse.

» Mon cher Pasteur, votre vie n'a connu que des succès. La méthode scientifique, dont vous faites un emploi si sûr, vous doit ses plus beaux triomphes. L'École Normale est fière de vous compter au nombre de ses élèves ; l'Académie des Sciences s'enorgueillit de vos travaux; la France vous range parmi ses gloires.

» Au moment où, de toutes parts, les témoignages de la reconnaissance publique s'élèvent vers vous, l'hommage que nous venons vous offrir, au nom de vos admirateurs et de vos amis, pourra vous sembler digne d'une attention particulière. Il émane d'un sentiment spontané et universel, et il conserve pour la postérité l'image fidèle de vos traits.

» Puissiez-vous, mon cher Pasteur, jouir longtemps de votre gloire et contempler les fruits toujours plus nombreux et plus riches de vos travaux. La Science, l'Agriculture, l'Industrie, l'Humanité vous conserveront une gratitude éternelle, et votre nom vivra dans leurs annales parmi les plus illustres et les plus vénérés. »

RÉPONSE DE M. PASTEUR.

« Mon cher Maître, il y a quarante ans, en effet, que j'ai le bonheur de vous connaître et que vous m'avez appris à aimer la Science et la gloire.

» J'arrivais de la province. Après chacune de vos leçons, je sortais de la Sorbonne transporté, et souvent ému jusqu'aux larmes. Dès ce moment, votre talent de

professeur, vos immortels travaux, votre noble caractère, m'ont inspiré une admiration qui n'a fait que gran-
dir avec la maturité de mon esprit.

» Vous avez dû deviner mes sentiments, mon cher
Maître. Il n'est pas une seule circonstance importante
de ma vie ou de celle de ma famille, circonstance heu-
reuse ou pénible, qui vous ait trouvé absent et que vous
n'ayez en quelque sorte bénie.

» Voilà qu'aujourd'hui encore vous êtes au premier
rang dans l'expression de ces témoignages, bien exces-
sifs suivant moi, de l'estime de mes Maîtres, devenus
mes amis.

» Et ce que vous avez fait pour moi, vous l'avez fait
pour tous vos élèves. C'est là un des traits distinctifs de
votre nature. Derrière les individus, vous avez toujours
envisagé la France et sa grandeur.

» Comment vais-je faire désormais? Jusqu'à présent
les grands éloges avaient enflammé mon ardeur et ne
m'avaient inspiré que l'idée de m'en rendre digne par
de nouveaux efforts; mais ceux que vous venez de m'a-
dresser, au nom de l'Académie et des Sociétés savantes,
sont en vérité au-dessus de mon courage. »

3147 PARIS. — IMPRIMERIE DE GAUTHIER-VILLARS, QUAI DES AUGUSTINS, 55.